Burak Yurteri

Werkzeuge zur Analyse des Kundenverhaltens auf Onlinep

Web Analytics

Burak Yurteri

Werkzeuge zur Analyse des Kundenverhaltens auf Onlineplattformen

Web Analytics

GRIN Verlag

Bibliografische Information der Deutschen Nationalbibliothek: Die Deutsche Bibliothek verzeichnet diese Publikation in der Deutschen Nationalbibliografie; detaillierte bibliografische Daten sind im Internet über http://dnb.d-nb.de/ abrufbar.

1. Auflage 2012
Copyright © 2012 GRIN Verlag GmbH
http://www.grin.com
Druck und Bindung: Books on Demand GmbH, Norderstedt Germany
ISBN 978-3-656-12412-2

Hausarbeit

im Fach E-Business

an der Fakultät Wirtschaft-Logistik-Verkehr

Fachrichtung Wirtschaftswissenschaften

der Fachhochschule Erfurt

Werkzeuge zur Analyse des Kundenverhaltens

auf Onlineplattformen

vorgelegt von

Burak Yurteri

Wintersemester 2011 / 2012

25.01.2012

INHALTSVERZEICHNIS

ABKÜRZUNGSVERZEICHNIS

Ajax	Asynchronous JavaScript and XML
API	Application Programming Interface
bzw.	beziehungsweise
CRM	Customer Relationship Management
CSV	Comma-separated Values
d.h.	Das heißt
etc.	et cetera
EUR	Euro
FTP	File Transfer Protocol
GmbH	Gesellschaft mit beschränkter Haftung
IP	Internet Protocol
HTML	Hyper Text Markup Language
HTTP	HyperText Transfer Protocol
PDF	Portable Document Format
SEO	Seach Engine Optimization
TÜV	Technischer Überwachungsverein
USA	Vereinigte Staaten von Amerika
USD	United States Dollar
usw.	und so weiter
uvm.	und vieles mehr
WWW	World Wide Web
z.B.	zum Beispiel

ABBILDUNGSVERZEICHNIS

1 Einleitung

1.1 Problemstellung und Zielsetzung

Seit der Entstehung des World Wide Web (WWW) in den letzten zwei Jahrzehnten gewinnt das Internet für die Unternehmen immer mehr an Bedeutung.[1] Da die direkte und indirekte Beschäftigung mit WWW heutzutage für die Menschen aus allen Altersgruppen zur Alltäglichkeit gehört[2], ist das Internet auch für die Unternehmen ein wichtiges Kommunikations-, Informations- und besonders ein Geschäftsinstrument geworden.[3]

Menschen bzw. Kunden verhalten sich im Internet anders als in der realen Welt.[4] Im Vergleich zu anderen Medieninstrumenten bietet das Internet den Anbietern bzw. Online-Shop-Betreibern auch neue Möglichkeiten, das Verhalten der Kunden im Netz detailliert aufzuzeichnen und zu analysieren.[5] Diese Analysen ermöglichen den Unternehmen, das Online-Verhalten ihrer Kunden zu verstehen und mit den dadurch gewonnenen Erkenntnissen ihre Webseiten bzw. Online-Shops sowie Online-Angebote an die Bedürfnisse der Kunden anzupassen, um Konkurrenzvorteile zu schaffen.[6]

Mit der Vorbereitung der vorliegenden Arbeit wurde es erst erzielt, die Webanalyse und auch Web Mining im Rahmen des Web Controllings zu erläutern. Das oberste Ziel dieser Arbeit ist, die Werkzeuge (Tools) zur Analyse des Kundenverhaltens auf Onlineplattformen bzw. Online-Shops vorzustellen und die Wichtigkeit solcher Analyse für die Betreiber von Online-Plattformen herauszukristallisieren.

Da sich diese Arbeit detailliert nicht auf Web Mining, sondern auf Webanalyse beziehen sollte, wird im Weiteren auf die Anwendungen für Webanalyse eingegangen.

---

[1] vgl. Zumtein / Meier (2010), S. 299.
[2] vgl. Müller / Schommer (2001), http://hmd.dpunkt.de/222/06.php 07.12.2011.
[3] vgl. Zumtein / Meier (2010), S. 299.
[4] vgl. Ifsen (2004), S. 259.
[5] vgl. Englbrecht / Hippner / Wilde (2004), S. 354.
[6] vgl. Ifsen (2004), S. 259.

1.2 Gang der Arbeit

In dieser Arbeit wird das Thema „Werkzeuge zur Analyse des Kundenverhaltens auf Onlineplattformen" in vier Teilen beschrieben.

Im ersten Teil wird es sich um die Bedeutung des Themas, die Problemstellung, das Ziel und die Vorgehensweise der Arbeit handeln. Im folgenden Kapitel wird sich auf die Definitionen zu Web Controlling, Web Mining sowie Webanalyse fokussiert.

Der dritte Teil wird inhaltlich aus den Vorstellungen der zur Analyse des Online-Kundenverhaltens dienenden Werkzeuge bestehen. Im letzten Teil wird die ganze Arbeit kurz zusammengefasst und dann wird eine Schlussfolgerung präsentiert.

Abbildung 1: Gang der Arbeit

Quelle: Eigene Darstellung.

2 Definitionen zu Web Controlling, Web Mining und Webanalyse

Der Begriff „Controlling" stammt ursprünglich aus dem Amerikanischen und bedeutet Steuerung. Controlling ist eigentlich ein Prozess und bei Web Controlling handelt es sich deswegen auch um einen kontinuierlichen Steuerungsablauf, der aus 4 Schnitten besteht: Festlegung der Ziele, Erfassung der Besucherdaten, Daten analysieren und Treffen der Optimierungsmaßnahmen.[7] Die für Web Controlling benötigten Kennzahlen werden von Web Mining und Webanalyse bzw. Web Analytics geliefert.[8]

Als Web Mining wird sowohl die Analyse von Inhalten der Webseiten (Web Content Mining) und Seitenstrukturen (Web Structure Mining) als auch die Analyse sowie Auswertung des Besucher- bzw. Kundenverhaltens (Web Usage Mining) bezeichnet.[9] Beim Web Mining werden verschiedene Verfahren wie Assoziations- und Sequenzenanalyse, Clusteranalyse, Entscheidungsbäume, kausale Analysen und neutrale Netze verwendet.[10] Dabei ist das Ziel, nicht nur das Verhalten der Kunden zu analysieren, sondern auch aus diesen Verhalten die zukünftigen Verhaltensprognosen abzuleiten.[11]

Laut Web Analytics Association, der internationale Verband für Web Analytics versteht man unter dem Begriff Webanalyse bzw. Web Analytics „die Messung, Sammlung, Analyse und Auswertung von Internet-Daten zwecks Verständnis und Optimierung der Web-Nutzung".[12] Obwohl in der Literatur manchmal die Web Analytics auch als Web Controlling genannt wird,[13] sind diese Begriffe nicht gleichzusetzen, da Web Analytics ein Teilbereich von Web-Controlling bezeichnet und der rein passiven Beobachtung von Besuchern dient.[14]

---

[7] vgl. etracker GmbH,
http://www.ibusiness.de/wrapper.cgi/www.ibusiness.de/files/jb_4115693461_1237975406.pdf,
07.12.2011.
[8] vgl. Höschl et al. (2009), S. 46 / Hippner / Merzenich / Wilde (2004), S. 292.
[9] vgl. Englbrecht / Hippner / Wilde (2004), S. 356.
[10] vgl. Wunderlich (2004), S. 95-96.
[11] vgl. Haft / Hofmann / Janetzko / Neuneier (2002), S. 229.
[12] Hassler (2010), S. 28.
[13] vgl. Aden (2009), S. 13.
[14] vgl. Thunig (2010), http://www.nur-news.com/was-ist-bitte-web-analytics-web-controlling-oder-web-performance-monitoring, 08.12.2011.

3 Werkzeuge zur Analyse des Kundenverhaltens auf Onlineplattformen

Zurzeit sind viele Tools zur Analyse des Besucher- bzw. Kundenverhaltens auf Webseiten zu finden und deren Anzahl ist unübersichtlich. Die Angebote von verschiedenen Webanalyse-Tools bzw. Web Analytics-Software reichen von den kostenlosen einfachen Lösungen bis hin zu High-End-Produkten für mehrere tausend Euro. In diesem breiten Spektrum der Angebote ist es wichtig, die richtige Entscheidung zu treffen und auf die eigenen Bedürfnisse passende Software zu finden. Bei der Auswahl der Software sollen mehrere Kriterien wie z.B. Kosten, Bedürfnisse, Integrationsfähigkeit der Software, Datenschutz, Marktanteil und Zukunftsträchtigkeit des Anbieters usw. berücksichtigt werden.[15]

Es gibt heute verschiedene Verfahren, die im Rahmen der Webanalyse zum Einsatz kommen. Zu denen können Log-File-Auswertung, Pixel-Messverfahren (Java-Script + Cookies + 1x1-Pixel), instrumentierte Log-Files, Datenbank-Logs und Sniffing gezählt werden.[16] Die Methoden Log-File-Auswertung und Pixel-Messverfahren gehören heutzutage zu den meistverwendeten Techniken in der Webanalyse. Bei der Log-File-Analyse wird jeder Aufruf eines Objektes einer Webseite durch einen Besucher protokolliert und in einer Log-Datei gespeichert, welche durch eine Analyse-Software ausgewertet werden kann. Diese Datei beinhaltet Informationen wie z.B. die Adresse des abgerufenen Objektes, Datum, Uhrzeit, IP-Adresse des Aufrufers etc.[17] Bei dem Pixel-Messverfahren bzw. Pixel-Tracking wird ein Stück HTML-Code mit Java-Script Elementen in die Webseite integriert, welches eine unsichtbare Pixelgrafik enthält und bei jedem Aufruf der Webseite die Besucherinformationen auf den Trackingserver liefert. Diese Methode wird auch von Cookies unterstützt.[18]

In dieser Arbeit wird versucht, 10 Tools kurz zusammenzufassen und sie dem Leser bekannt zu machen. Die dargestellten Tools werden vom Autor ausgewählt und liefern keine Informationen über eine Top-Analytics-Tools-Liste.

---

[15] vgl. Hassler (2010), S. 39.
[16] vgl. Amthor / Brommund (2010), S. 50-51.
[17] vgl. Lammenett (2009), S. 239.
[18] vgl. Lammenett (2009), S. 240-241.

3.1 Google Analytics

Google Analytics ist ein kostenloses Online-Tool, die sich ursprünglich auf die von der Firma Urchin Software Corporation entwickelte Web-Controlling-Software basiert.[19] Während die alte Software kostenpflichtig war, hat Google nach der Übernahme von Urchin Software Corporation 2005 das neue Google Analytics kostenlos zur Verfügung gestellt.[20]

Obwohl die alte Urchin-Lösung über Log-Dateien funktionierte, sammelt Google Analytics mithilfe des Pixel-Messverfahrens detaillierte Informationen über Besucherzahlen und deren Verhalten auf der Webseite. Mit diesem Online-Tool besteht für einen Webseitenbetreiber die Möglichkeit, die Besucher mit Filtern zu segmentieren, Ziele zu definieren oder die Effektivität von AdWords-Kampagnen zu messen sowie durch zahlreiche Einstellungsoptionen die Statistiken bis ins Detail für einzelne Seiten einzustellen.[21] Neben den Standard-Analytics-Berichten bietet Google Analytics Berichte über E-Mail-Kampagnen, Banner-Anzeigen, Offline-Anzeigen uvm. Durch die Integration von anderen Google-Produkten können die Google Adwords- und Adsense-Berichte erhalten werden. Außer der Webseiten können einzelne Video- und Flash-Dateien auch mit Google Analytics getrackt werden.[22]

Durch die Trichter-Analyse können die Bewegungen der Kunden auf der Webseite visualisiert werden. Wenn die Ziele bei Google Analytics definiert werden, zeigt das Tool die Schwachstellen und Schwankungen. Die Berichte von Google Analytics lassen sich als PDF, CSV oder Excel-Datei exportieren oder sie können auch mit individualisierten Inhalten per Email erhalten werden. Nicht nur das Verhalten der Besucher bzw. Kunden, die per Computer ins Internet gehen, sondern auch deren, die per Handy und Smartphone auf die Webseite zugreifen, wird analysiert.[23]

Wenn ein Online-Shop-Betreiber Google Analytics auch für die Verfolgung von Transaktionen verwenden möchte, soll er erstens das E-Commerce-Tracking in

---

[19] vgl. Lammenett (2009), S. 242.
[20] vgl. Fischer (2009), S. 707.
[21] vgl. o.V. (2011), http://software-portal.faz.net/software/193335, 09.12.2011.
[22] vgl. Google, http://www.google.com/intl/de/analytics/features.html, 09.12.2011.
[23] vgl. Google, http://www.google.com/intl/de/analytics/features.html, 09.12.2011.

Google Analytics aktivieren. Dann sollen die Funktionen, die einen Bezug zu den Elementen eines Warenkorbs für Google herstellen, in den Java Script-Code integriert werden.[24]

Nach den letzten Aktualisierungen verfügt Google Analytics über Echtzeit-Analyse-Funktion, aber diese befindet sich noch in Beta-Version und liefert nur begrenzte Live-Informationen wie z.b. Anzahl der Onlinebesucher, deren Herkunft etc.[25] Außerdem gehören die Social Media-Analytics und Analyse der Website-Ladegeschwindigkeit zu den neuen Funktionalitäten von Google Analytics.[26]

Obwohl Google Analytics heutzutage aus der datenschutzrechtlichen Betrachtung umstritten ist[27], weil die gesammelten Daten bei Google in USA gespeichert werden und niemand weiß, was mit denen passiert[28], ist Google in dem Bereich Webanalyse bzw. -Analytics sehr beliebt und damit zählt es auch zum meistverwendeten Analytics-Tool.[29]

3.2 Urchin

Nachdem Google das Unternehmen Urchin Software Corporation 2005 übernommen hat, konzentrierte sich Google auf die Entwicklung von seiner neuen Anwendung Google Analytics. Die vorhandenen Benutzer der Urchin Software haben die Situation protestiert, weil Google sich nach dem Kauf des Unternehmens mit der vorhandenen Software „Urchin 5" nicht mehr beschäftigt hat. Nach Protesten hat sich Google zur Weiterentwicklung von Urchin entschlossen.[30] Im Frühjahr 2008 wurde die neue Version Urchin 6 veröffentlicht[31] und heute befindet sich die neueste Kaufversion Urchin 7 auf dem Markt.[32]

---

[24] vgl. Lamprecht (2010), S. 261.

[25] vgl. Hessner (2011), http://www.net-developers.de/blog/2011/11/24/analytics-jetzt-endlich-mit-live-anzeige-weitere-neue-features/, 09.12.2011.

[26] vgl. Aden (2011), http://www.timoaden.de/2011/12/google-analytics-jahresruckblick-2011.html, 27.12.2011.

[27] vgl. Lammenett (2009), S. 243.

[28] vgl. Deilmann (2011), http://wp-blogger.de/2011/05/11/der-piwik-guide/, 09.12.2011.

[29] vgl. Vatter (2011), http://www.zbw-mediatalk.eu/2011/03/gratis-datenschutzkonform-besucher-tracking-per-piwik/, 09.12.2011.

[30] vgl. Minor (2008), http://www.googlewatchblog.de/2008/02/analytics-fur-den-server-urchin-from-google/, 09.12.2011.

Im Vergleich zu Google Analytics funktioniert Urchin nicht nur über einen in eine Webseite integrierten Java Script-Code, sondern es wird auf dem eigenen Server des Benutzers installiert.[33] Aus diesem Grund wird auch eine Datenbank von MySQL oder PostgreSQL benötigt.[34] Vorteilhaft ist, dass Urchin die Möglichkeit der Auswertung von Serverfehlermeldungen und von historischen Log-Dateien sowie eigenen Intra- oder Extranet-Sites bietet und die Daten über die Besucher bzw. Kunden, die Java Script deaktiviert haben, sammeln kann.[35] In anderen Funktionalitäten ähnelt sie Google Analytics.[36]

Zum größten Nachteil von Urchin kann ihr Preis gezählt werden. Da die Daten, die durch die Software gesammelt werden, auf dem lokalen Server gespeichert werden, d.h. sie sind für Google nicht erreichbar bzw. verwendbar, vergoldet sich die Software[37] und kostet insgesamt 9995 USD.[38]

3.3 Yahoo! Analytics

Nachdem Google in den Markt der Webanalyse eingetreten ist, ist ein anderer großer Suchmaschinenanbieter Yahoo! auch den gleichen Weg gegangen. Das Unternehmen übernahm 2008 den Webanalyse-Softwareanbieter IndexTools und hat das vorhandene System überarbeitet.[39] Obwohl IndexTools kostenpflichtig war, wird Yahoo! Analytics zwar kostenlos angeboten,[40] aber steht nur den Yahoo!-Search-Marketing-Kunden und den Yahoo!-Web-Analytics-Beratern zur

---

[31] vgl. webalytics e.K., http://shop.webalytics.de/urchin/urchin-5/index.php, 09.12.2011.

[32] vgl. Google, http://www.google.com/intl/de/urchin/index.html, 09.12.2011.

[33] vgl. webalytics e.K., http://www.webalytics.de/urchin-7/unterschiede-zwischen-urchin-und-google-analytics/, 09.12.2011.

[34] vgl. Urchin, https://secure.urchin.com/helpwiki/de/Urchin_Supported_Platforms_and_Hardware_Requirements.html, 09.12.2011.

[35] vgl. Illmann (2009), http://creazwo.de/2009/webanalyse/welche-alternativen-gibt-es-zu-google-analytics, 09.12.2011.

[36] vgl. webalytics e.K., http://www.webalytics.de/urchin-7/unterschiede-zwischen-urchin-und-google-analytics/, 09.12.2011.

[37] vgl. Minor (2008), http://www.googlewatchblog.de/2008/02/analytics-fur-den-server-urchin-from-google/, 09.12.2011.

[38] vgl. Google, http://www.google.com/urchin/pricing.html, 09.12.2011.

[39] vgl. IdealObserver, http://www.idealobserver.com/tools/web-analyse/anbieter/indextools, 09.12.2011.

[40] vgl. Düweke / Rabsch, (2011), S. 684.

Verfügung. Zur Verwendung dieses Tools soll ein Java Script-Code in die Webseite integriert werden.[41]

Zu den Funktionalitäten von Yahoo! Analytics können die Erfassung der Besucher und Seitenmerkmale, Erstellung von Berichten, Bestimmung von Zielen und Feststellung der Zielgruppen etc. gezählt werden. Die Besonderheiten von Yahoo! Analytics sind Echtzeit-Analyse, Individualisierbarkeit verschiedener Metriken, E-Commerce-Tracking und Analysen wie z.b. Produkt-Views statt Page-Views sowie Add-to-Cart Actions und APIs, die durch Import und Export von Daten eine Verbindung zwischen dem Tool und unternehmensinternen Systemen ermöglichen.[42] Solche Elemente einer Webseite wie Ajax, Flash und Videos lassen sich auch mit diesem Tool tracken.[43]

3.4 Piwik

Piwik ist ein Open Source Web-Analytics-Tool, welches nach einer 5-minutigen Installation auf dem eigenen Server zur Verfügung stehen kann.[44] Piwik wird heute von 13% der deutschen Webseiten (mit „.de" Domainname) bevorzugt und gilt damit als zweitbeliebteste Analytics-Software in Deutschland.[45]

Zur Verwendung von Piwik wird ein System mit Skriptsprache PHP und Datenbankmanagementsystem MySQL benötigt. Damit Piwik die Besucherdaten und -verhalten sammeln kann, soll ein Java-Script-Code wie bei Google Analytics in die Webseite integriert werden.[46] Grundsätzlich erlaubt Piwik Besuche, Besucher, Page Impressions, Trafficquellen, Suchmaschinenkeywords und Länder

---

[41] vgl. Hassler (2010), S. 528.
[42] vgl. Hassler (2010), S. 511-517.
[43] vgl. Yahoo!, http://web.analytics.yahoo.com/features, 10.12.2011.
[44] vgl. Piwik, http://de.piwik.org/piwik-haufig-gestellte-fragen/neu-bei-piwik/, 10.12.2011.
[45] vgl. Piwik (2011), http://de.piwik.org/blog/2011/09/ankundigung-piwik-meetup-in-munchen-am-22-oktober-jetzt-kostenlos-anmelden/, 10.12.2011.
[46] vgl. ULD (2011), https://www.datenschutzzentrum.de/tracking/piwik/20110315-webanalyse-piwik.pdf, 10.12.2011.

auswerten sowie die Kampagnen tracken.[47] Außerdem lassen sich die heruntergeladenen Dateien, Einstiegs- und Absprungsseiten feststellen.[48]

Zwar reicht Piwik in seiner Funktionalität an Google Analytics nicht heran, aber da es Open Source ist, kann der Anwender für sich individuelle Auswertungs-Plug-Ins entwickeln oder die von anderen entwickelten Plug-Ins einbinden.[49]

Der Hauptvorteil von Piwik liegt darin, dass die gesammelten Daten bei dem Piwik-Verwender bleiben und nicht an Dritte weitergeliefert werden, was sonst zu datenschutzrechtlichen Problemen führen könnte.[50] Durch einige Einstellungen sowie Plug-Ins wie z.B. IP-Adresse-Anonymisierung, Angebot von Opt-Out-Cookies kann Piwik rechtssicherer als Google Analytics gemacht werden.[51]

3.5 AWStats

AWStats ist eine kostenlose Webanalyse-Software, welche in der Programmiersprache Perl geschrieben wurde und unter der GNU-Lizenz vertrieben wird. Die Software kann die Log-Dateien von Web-, Mail- oder FTP-Servern analysieren und die Ergebnisse in Form von HTML-Seiten darstellen.[52]

Die Software kann Informationen darüber liefern, über welche Suchmaschinen welcher Besucher bzw. Kunde mit welchem Suchbegriff auf die Seite gelandet ist, welchen Browser er verwendet und auch welches Betriebssystem.[53] Außerdem gibt AWStats auch Auskunft über Herkunft des Besuchers, Einstiegs- und Ausgangsseite, Aufenthaltsdauer des Besuchers, HTTP Fehlercodes, nicht gefundene Seiten usw.[54] Der Vorteil von AWStats liegt an seiner Erkennung des

---

[47] vgl. Pletsch (2010), http://www.intereye.de/2010/01/google-analytics-vs-piwik-open-source-web-analytics/, 10.12.2011.
[48] vgl. Usability-Toolkit, http://usability-toolkit.de/tools/tutorial-web-analytics-usability/vorstellung-von-piwik/alle-funktionen-von-piwik/, 10.12.2011.
[49] vgl. Biermeier (2011), http://netzkommunikation.net/piwik-die-datenschutzkonforme-analytics-alternative/, 10.12.2011.
[50] vgl. ULD (2011), https://www.datenschutzzentrum.de/tracking/piwik/20110315-webanalyse-piwik.pdf, 10.12.2011.
[51] vgl. Schwenke (2011), http://spreerecht.de/datenschutz/2011-03/piwik-als-alternative-zu-google-analytics-mit-datenschutzmuster, 10.12.2011.
[52] vgl. Krüttli (2009), http://tinyurl.com/Einfuerung-SWS, 11.12.2011.
[53] vgl. Netzwelt (2010), http://www.netzwelt.de/download/11899-awstats.html, 11.12.2011.
[54] vgl. ratiokontakt GmbH (2011), http://support.ratiokontakt.de/pdf/49.pdf, 11.12.2011.

Unterschieds zwischen Besuchern und Bots bzw. von den Suchmaschinen. So werden Botzugriffe nicht als Besucher gewertet und verfälschte Statistiken vermieden.[55] AWStats kommt meistens in Hostingpaketen inbegriffen, aber wenn es nicht der Fall ist, ist deren Installation etwas mühsam, wenn man sich nicht gut auskennt.[56]

3.6 Etracker

Die Web Analytics-Software Etracker wird vom im Jahr 2000 gegründeten deutschen Unternehmen Etracker GmbH zur Verfügung gestellt.[57] Die einfachste Version der Software wird zwar kostenlos angeboten, aber deren Funktionen sind für eine professionelle Webseite bzw. Online-Shop nicht ausreichend und die anderen Versionen mit wichtigeren Funktionen sind ab 11,78 EUR pro Monat zu buchen.[58] Das Unternehmen begründet das kostenpflichtige Angebot seiner Software damit, dass die Daten von Etracker GmbH nicht weiterverwendet werden, obwohl sie auf den Etracker-Servern gespeichert werden.

Etracker basiert auf dem Pixel-Messverfahren und bietet die Möglichkeit, das Besucherverhalten in Echtzeit analysieren zu können. Übergreifende Kennzahlen, mittels deren ein Webseitenbetreiber mit einem Klick Wirkung und Reichweite seiner Website erkennen kann, lassen sich mit der Etracker Web Analytics liefern. Außerdem durch Informationen über Seitenaufrufen, Klickpfaden, Ansichtszeiten, verwendete Suchmaschinen und Suchwörtern sowie genaue geografische Herkunft und die technische Umgebung des Besuchers ermöglicht Etracker Web Analytics auch aussagekräftige wirtschaftliche Analysen.[59]

Der Hauptvorteil von Etracker liegt an den zwei Funktionalitäten Echtzeit-Analyse und Klickpfadanalyse, daraus sich die Interessen der Kunden, unnötigen Ablenkungen auf der Webseite, Effektivität verschiedener Kampagnen etc. erkennen lassen. Außerdem können qualitative Informationen durch die Etracker-

---

[55] vgl. EDV-Lehrgang, http://www.edv-lehrgang.de/awstats/, 11.12.2011.

[56] vgl. Maisriml, http://www.beesign.com/themen/besucher-zaehlen.html, 11.12.2011.

[57] vgl. Lammenett (2009), S. 244.

[58] vgl. Erben (2011), http://www.netzpanorama.de/etracker-livetracking-webanalyse-tool/, 18.12.2011.

[59] vgl. etracker GmbH, http://www.etracker.com/de/kostenloser-support-per-telefon-und-email/faq-die-haeufigsten-fragen-zu-etracker/fragen-zu-bestellung-und-vertrag.html, 18.12.2011.

Funktion „Visitor Voice" gewonnen werden oder Vergleiche zwischen eigener Webseite und den anderen Teilnehmern der Branche durch die Benchmark-Funktion durchgeführt werden.[60]

3.7 Digital Analytix (Nedstat)

Digital Analytix ist ein Web Analytics-Tool, welches vom Unternehmen comScore angeboten wird und sich ursprünglich auf die Software „Sitestat" vom niederländischen Unternehmen Nedstat basiert.[61]

Neben den Standard-Analytics-Funktionalitäten ist eine besondere Funktion der sogenannte Funnel Recorder, der kritische Online Prozesse auf einfache Weise messbar macht,[62] z.b. der Prozess vom virtuellen Gang vom Warenkorb zur Bezahlung.[63] Die anderen besonderen Funktionen von Digital Analytix sind das Tracking von Videos, wobei, wie viele Besucher ein Video wie lange gesehen haben, gemessen wird und die Analyse der Klickaktivitäten, die darstellt, wo und wie intensiv die Besucher auf einer Webseite geklickt haben.[64] Digital Analytix liefert auch Informationen über die E-Mail-, Suchmaschinen- und Affiliate-Marketing-Kampagnen.[65]

Die Software bietet die Möglichkeit von Import und Exportfunktionen und dadurch können die Berichte als Microsoft Office-Dokument exportiert und automatisch aktualisiert werden oder die Unternehmensdaten wie z.B. CRM-Daten bei Digital Analytix importiert und zur Analyse verwendet werden. Daneben ermöglicht Digital Analytix, die Firmenseite in virtuelle Webseiten zu unterteilen, so dass diese gezielt und effektiv von den entsprechenden Unternehmensbereichen verwendet werden können.[66]

---

[60] vgl. Fischer (2009), S. 694-702.
[61] vgl. Vollmert (2011), www.contentmanager.de/magazin/artikel_1546_web_analytics_produkte.html, 27.12.2011.
[62] vgl. Haberich (2008), www.webanalyticsblog.de/2008/02/07/schneller_detaillierter_einblick_in_krit~3691942/, 29.12.2011.
[63] vgl. Fischer (2009), S. 694-704.
[64] vgl. Fischer (2009), S. 706.
[65] vgl. Lammenett (2009), S. 245.
[66] vgl. comScore, http://www.comscore.com/Products_Services/Web_Analytics/Flexivel_e_Aberto, 29.12.2011.

3.8 Webtrekk Q3

Webtrekk stammt aus dem Hause Webtrekk GmbH aus Berlin.[67] Die Software wird in zwei Versionen „Webtrekk Q3" und „Webtrekk Q3 Light" angeboten.[68] In diesem Abschnitt wird nur das fortgeschrittene High-End-Webanalysesystem Webtrekk Q3 vorgestellt, da beim Light-Version einige Funktionalitäten der Software begrenzt oder gar nicht verfügbar sind.[69] Die Webanalyse mit Webtrekk Q3 basiert auf dem Pixel-Messverfahren.[70] Eine Preisinformation besteht auf der Webseite von Webtrekk GmbH nicht, aber laut Angaben im Internet ist es ab 2.990,- EUR pro Jahr zu buchen.[71]

Mit Webtrekk Q3 können die Webseitenbetreiber individuelle Berichte, Metriken, Formeln und Einstellungen dank umfangreicher Nutzerverwaltung erstellen. Umfangreiche Warenkorb- und Assoziationsanalysen, Contentanalysen mit grafischen Klickpfad- und Prozessdarstellungen lassen sich mit diesem Tool durchführen. Mit Webtrekk ist es möglich, multidimensionale Korrelationen zwischen verschiedenen Daten darzustellen und die Besucher bzw. Kunden nach ihrem Verhalten in verschiedene Zielgruppen echtzeitig zu segmentieren. Durch innovatives Kampagnencontrolling inklusive umfangreiche Lifecycle-Analysen können die Online-Marketing-Kampagnen detailliert analysiert werden. Einige extra Eigenschaften wie z.B. Datenimport und -Export, Rohdatenexport, erweiterte Suchmaschinenpositionsanalyse und Schnittstellen zu zahlreichen Partnern (SEO, Social Media-Analysen, Emailkampagnen uvm.) sind gegen Aufpreis hinzubuchbar.[72] Durch eine im App Store von Apple erhältliche Webtrekk Q3 App sind die Standard-Analysen und Daten über iPhone, iPod Touch und iPad erreichbar.[73] Mit Webtrekk Q3 können das Tracking von mobilen Zugriffen auf die Webseite, Performance-Kontrolle durch Zielbestimmungen und Video-Analytics

---

[67] vgl. Lammenett (2009), S. 248.
[68] vgl. Webtrekk GmbH, http://www.webtrekk.com/produkte/produktuebersicht.html, 03.01.2012.
[69] vgl. Webtrekk GmbH, http://www.webtrekk.com/produkte/vergleich.html, 03.01.2012.
[70] vgl. Netrada Management GmbH, http://www.netrada.com/#/services/kompetenz-im-e-commerce/partnerschaften/webtrekk.html, 03.01.2012.
[71] vgl. AboutAnalytics, http://www.aboutanalytics.com/webtrec/webtrekks-q3-saas, 03.01.2012.
[72] vgl. Webtrekk GmbH, http://www.webtrekk.com/produkte/webtrekk-q3-app.html, 03.01.2012.
[73] vgl. Webtrekk GmbH, http://www.webtrekk.com/produkte/q3.html, 03.01.2012.

(Aufrufe, Spieldauer, durchschnittliche Spieldauer, Stopps, Pausieren usw.) realisiert werden.[74]

Die Datenschutzkonformität von Webtrekk Q3 ist durch das TÜV Zertifikat „Geprüfter Datenschutz" des TÜV Saarland offiziell bestätigt.[75]

3.9 Omniture SiteCatalyst

Das US-amerikanische Unternehmen Omniture hat erst im Jahr 1996 die Software SiteCatalyst angeboten und war einer der führenden Anbieter von Analysesoftware und -dienstleistungen.[76] Das Unternehmen wurde 2009 von der Firma Adobe übernommen.[77] Die Software wird immer kostenpflichtig angeboten, aber eine Preisinformation auf der Webseite von Adobe ist nicht zu finden, da der Preis nach dem Bedarf des Webseitenbetreibers variiert. Man spricht von einem Preisspielraum von 30.000 bis 100.000 USD.

SiteCatalyst ist eine professionelle Lösung für Webanalyse, besonders für Online-Shops und der größte Vorteil davon ist die Echtzeit-Analyse.[78] Eine andere Besonderheit der Software ist, dass sie Besuchersegmente auf Basis von Ereignissen bzw. Besucherverhalten erstellen kann. Die Webanalyse-Berichte sind bei SiteCatalyst immer in verschiedenen Formaten wie PDF, Excel, Word oder HTML zu exportieren. Die Marketingziele und Schlüsselparameter können in die Software eingegeben werden und durch eine Alarmfunktion benachrichtigt sie den Webseitenbetreiber die Überschreitung bzw. Unterschreitung der Grenzen. Mit Omniture SiteCatalyst lassen sich Interessen der Besucher an Videos und ihre Aktivitäten im Anschluss an das Video messen und analysieren. Mithilfe der Software können auch Web 2.0-Analysen, d.h. die Messung des Erfolgs in Blogs, Rich Media, Social Media, durchgeführt werden. Durch die Kooperation zwischen Adobe und Facebook können die Webseitenbetreiber demographische Informationen über ihre Besucher bzw. Kunden erhalten, die über Facebook auf

---

[74] vgl. Webtrekk GmbH, http://www.webtrekk.com/produkte/produktuebersicht.html, 03.01.2012.

[75] vgl. Webtrekk GmbH, http://www.webtrekk.com/produkte/features/datenschutz.html, 03.01.2012.

[76] vgl. IdealObserver, www.idealobserver.com/tools/web-analyse/anbieter/sitecatalyst, 03.01.2012.

[77] vgl. Aden (2009), http://www.timoaden.de/2009/09/adobe-kauft-omniture-fur-18-milliarden.html, 03.01.2012.

[78] vgl. Five Rivers Interactive, http://www.fiveriversinteractive.com/pdfs/GAvsOMNITURE.pdf, 03.01.2012.

die Webseite gelandet sind. Daneben ermöglich SiteCatalyst, E-Shop-Besucher, die mit mobilen Geräten auf den Online-Shop zugreifen, festzustellen und auch die Berichte in mit mobilen Geräten kompatiblen Formaten wie z.B. mit iPad zu erstellen.[79]

3.10 Econda Monitor

Econda ist die Web-Controlling-Software vom deutschen Unternehmen Econda GmbH aus Karlsruhe.[80] Das Unternehmen bietet für verschiedene Webseitentypen unterschiedliche Tools zur Webanalyse. Für Online-Shops bietet es die Lösung Shop Monitor.[81] Die Daten werden durch einen Java-Script-Code fürs Tracking gesammelt.[82] Je nach der Größe des Online-Shops (gemessen an Seitenaufrufen pro Monat) ist die Software ab 49,90 EUR plus eine Einrichtungspauschale in Höhe einer Monatsgebühr zu erhalten. Für die Online-Shops mit Seitenaufrufen ab 50 Mio. pro Monat sollte ein Preisangebot von Econda GmbH auf Anfrage gemacht werden.[83]

Neben den Standard-Analysen wie verwendete Programme, Bildschirmauflösung, Suchbegriffe und Herkunft usw. bietet Econda den Online-Shop-Betreibern die Möglichkeit ohne spezielle Programmierkenntnisse eigene komplexe multidimensionale Auswertungen zu erstellen. Bei Econda lassen sich mithilfe der Klickpfad- und Funnelanalyse die Ein- und Ausstiegsseiten sowie Einkaufsprozesse der Kunden identifizieren. Durch vorhandene Funktionen und extra Plug-Ins können die Marketingkampagnen wie z.B. AdWords, Mailingkampagnen etc. detailliert verfolgt werden.[84] Außerdem können Social Media- und Mobile-Tracking durchgeführt werden, mithilfe dessen die Social

---

[79] vgl. Adobe Systems, www.omniture.com/en/products/analytics/sitecatalyst, 05.01.2012.
[80] vgl. Lammenett (2009), S. 244.
[81] vgl. IdealObserver, http://www.idealobserver.com/tools/web-analyse/anbieter/en/index.php?s=econda, 05.01.2012.
[82] vgl. Gaiser (2011), http://store.shopware.de/files/downloads/installation-1764510.pdf, 05.01.2012.
[83] vgl. Econda GmbH, http://www.econda.de/fileadmin/templates/econda/Downloads/PDFs/econda_ShopMonitor_Preisliste.pdf , 05.01.2012.
[84] vgl. Econda GmbH, www.econda.de/produkte/shop-monitor/vorteile-und-features/flexible-analyse.html, 05.01.2012.

Media Kampagnen und die E-Shop-Besucher, die mit Handy und Smartphone auf den Online-Shop zugreifen, analysiert werden können.[85]

Da die Software für E-Commerce spezialisiert ist, können detaillierte Bestell-, Kaufprozess-, Warenkorb- und Umsatzanalysen graphisch dargestellt werden. Mit dem Live-Tracker-Gadget kann man die Echtzeit-Analysen auf dem eigenen Desktop anschauen und mit der Import- und Exportfunktion die Daten durch externe Quellen erweitern.[86]

Econda verfügt über das TÜV-Zertifikat „Geprüfter Datenschutz" des TÜV Saarland für den Bereich Web-Shop-Controlling und damit präsentiert sich die Software als Lösung, die alle Anforderungen des strengen deutschen Datenschutzrechts erfüllt.[87]

Wie es schon bereits erwähnt wurde, sind viele verschiedene Webanalyse-Tools im Internet zu finden. Noch zu den berühmten Anwendungen können Clicktracks Pro, Webtrends Analytics, SAS Integrated Marketing Management, eAnalytics, SiteCensus, odoscope usw. gezählt werden.[88]

---

[85] vgl. Econda GmbH, http://www.econda.de/produkte/shop-monitor/vorteile-und-features/analysen-state-of-the-art.html, 05.01.2012.

[86] vgl. Econda GmbH, http://www.econda.de/produkte/shop-monitor/vorteile-und-features/startfertige-analyse.html, 05.01.2012.

[87] vgl. Econda GmbH, http://www.econda.de/produkte/shop-monitor/vorteile-und-features/sichere-analysen.html, 05.01.2012.

[88] vgl. IdealObserver, http://www.idealobserver.com/images/stories/Ranking/IdealObserver_Ranking_der_Webanalyse_Tool_An bieter_2011.png, 05.01.2012.

4 Schlussfolgerung

Die Webseitenbesitzer bzw. Betreiber von E-Shops verfügen über wenige Informationen über ihre Online-Besucher bzw. -Kunden und deren Verhalten. Da diese eine entscheidende Rolle sowohl für den finanziellen Erfolg als auch für die Attraktivität des Webauftritts spielen, sollte das Wissen über Interessen und Verhalten der Kunden gewonnen werden.[89] In diesem Zusammenhang bieten die Webanalyse-Tools die Möglichkeit, aus der Gewinnung und Analyse von Kennzahlen Verbesserungsmaßnahmen zu treffen und dadurch Absatz und Umsatz in einem Online-Shop zu erhöhen.[90]

Wie es in dieser Arbeit bereits beschrieben wurde, gibt es verschiedene Möglichkeiten zur Webanalyse, die entweder als Software as a Service (SaaS) oder als interne Betrieb Lösungen zur Verfügung stehen. Beide haben Pros und Contras gegeneinander. Grundsätzlich sind SaaS-Lösungen die Vorteile wie kürzere Aufbaudauer, geringere Investitions- und teilweise Unterhaltskosten, niedrigere Aufwände für Aktualisierungen und bessere Eignung für Page-Tagging. Die Vorteile von Webanalyse-Lösungen, die man auf eigenem Server installieren soll, liegen in der besseren Datenhoheit, geringeren Abhängigkeit vom Produktanbieter, bessere Datenschutz-Einflussmöglichkeit und besseren Eignung für Logfile-Analyse.[91]

Bei der Auswahl von Webanalyse-Lösungen neben der Datensammlungs- (Log-File oder Analytics) und Datenspeicherungsmethode sowie den Kosten und Bedürfnissen des Unternehmens sind auch die Datenschutzbestimmungen unbedingt zu berücksichtigen, um relevante Informationen über Kundenverhalten sammeln zu können, ohne in den Wirkungsbereich von Datenschutz-Gesetzen zu gelangen.[92]

---

[89] vgl. Hippner / Merzenich / Wilde (2002), S. 27.
[90] vgl. Lamprecht (2010), S. 10.
[91] vgl. Hassler (2010), S. 70.
[92] vgl. Hassler (2010), S. 71.

LITERATUR- UND QUELLENVERZEICHNIS

Bücher und Sammelwerke

❖ *Aden, T.* (2009), Google Analytics: Implementieren, Interpretieren, Profitieren, Carl Hanser Verlag, München 2009.

❖ *Amthor, A., Brommund, T.* (2010), Mehr Erfolg durch Web Analytics: Ein Leitfaden für Marketer und Entscheider, Carl Hanser Verlag, München 2010.

❖ *Düweke, E., Rabsch, S.* (2011), Erfolgreiche Websites: SEO, SEM, Online Marketing, Usability, Galileo Press, Bonn 2011.

❖ *Englbrecht, A., Hippner, H., Wilde, K. D.* (2004), Aufzeichnung und Analyse des Konsumentenverhaltens im Internet – Einsatzpotenziale des Web Mining, in: Bauer, H., H., Rösger, J., Neumann, M., M. (Hrsg.), Konsumentenverhalten im Internet, Verlag Franz Vahlen, München 2004, S. 353-370.

❖ *Fischer, M.* (2009), Website Boosting 2.0 – Suchmaschinen-Optimierung, Usability, Online-Marketing, mitp-Verlag, Heidelberg 2009.

❖ *Haft, M., Hofmann, R., Janetzko, D., Neuneier, R.* (2002), Kausale Netze – Vorgehensweise und Einsatzmöglichkeiten, in: Hippner, H., Merzenich, M., Wilde, K., D. (Hrsg.), Handbuch Web Mining im Marketing: Konzepte, Systeme, Fallstudien, Vieweg Verlag, Braunschweig / Wiesbaden 2002, S. 219-234.

❖ *Hassler, M.* (2010), Web Analytics: Metriken auswerten, Besucherverhalten verstehen, Website optimieren, mitp-Verlag, Heidelberg 2010.

❖ *Hippner, H., Merzenich, M., Wilde, K., D.,* (2002), Grundlagen des Web Mining – Prozess, Methoden und praktischer Einsatz, in: Hippner, H., Merzenich, M., Wilde, K., D. (Hrsg.), Handbuch Web Mining im Marketing: Konzepte, Systeme, Fallstudien, Vieweg Verlag, Braunschweig / Wiesbaden 2002, S. 3-31.

❖ *Hippner, H., Merzenich, M., Klaus, K., D.* (2004), Web Mining – Grundlagen und Einsatzpotenziale im eCRM, in: Hippner, H., Wilde, K., D., IT-Systeme im CRM: Aufbau und Potenziale, Gabler Verlag, Wiesbaden 2004, S. 269-298.

❖ *Höschl P., Hein, B., Bauer, S., H., Latschar, W., Brodbeck, D., Straub, N., von Dahlem, N.* (2009), Die betriebswirtschaftliche Seite des Online-Handels, in: Höschl, P. (Hrsg.), Leitfaden für Shop-Einsteiger: Erfolgreich in den Onlinehandel starten, Books on Demand Verlag, Norderstedt 2009, S. 37-46.

❖ *Ifsen, D.* (2004), Kundenverhalten im Internet – Messinstrumente und Analyseverfahren als Basis einer kundenorientierten Webseitengestaltung, in: Wiedmann, K., P., Buxel, H., Frenzel, T., Walsh, G. (Hrsg.), Konsumentenverhalten im Internet: Konzepte – Erfahrungen – Methoden, Gabler Verlag, Wiesbaden 2004, S. 259-272.

❖ *Lammenett, E.* (2009), Praxiswissen Online-Marketing, Gabler Verlag, Wiesbaden 2009.

❖ *Lamprecht, S.* (2010), Webtracking mit Google Analytics: Mehr Erfolg für Ihren Online-Auftritt!, Data Becker Verlag, Düsseldorf 2010.

❖ *Wunderlich, J.* (2004), Web Mining im Dienste der Personalisierung – der Schlüssel zur digitalen Kundennähe, in: Salmen, S., M., Gröschel, M. (Hrsg.), Handbuch Electronic Customer Care: Der Weg zur digitalen Kundennähe, Physica-Verlag, Heidelberg 2004, S. 89-103.

❖ *Zumstein, D., Meier, A.* (2010), Web-Controlling - Analyse und Optimierung der digitalen Wertschöpfungskette mit Web Analytics, in: Multikonferenz Wirtschaftsinformatik (MKWI 2010), Track IT Performance Management / IT-Controlling, Universitätsverlag Göttingen, Göttingen 2010, S. 299-311.

Internetquellen

❖ *AboutAnalytics*, http://www.aboutanalytics.com/webtrec/webtrekks-q3-saas, 03.01.2012.

❖ *Aden, T.* (2009), http://www.timoaden.de/2009/09/adobe-kauft-omniture-fur-18-milliarden.html, 03.01.2012.

❖ *Aden, T.* (2011), http://www.timoaden.de/2011/12/google-analytics-jahresruckblick-2011.html, 27.12.2011.

❖ *Adobe Systems*, www.omniture.com/en/products/analytics/sitecatalyst, 05.01.2012.

❖ *Biermeier, M.* (2011), http://netzkommunikation.net/piwik-die-datenschutzkonforme-analytics-alternative/, 10.12.2011.

❖ *comScore*, http://www.comscore.com/Products_Services/Web_Analytics/Flexivel_e_Ab erto, 29.12.2011.

❖ *Deilmann, D.* (2011), http://wp-blogger.de/2011/05/11/der-piwik-guide/, 09.12.2011.

❖ *Econda GmbH*, www.econda.de/produkte/shop-monitor/vorteile-und-features/flexible-analyse.html, 05.01.2012.

❖ *Econda GmbH*, http://www.econda.de/produkte/shop-monitor/vorteile-und-features/sichere-analysen.html, 05.01.2012.

❖ *Econda GmbH*, http://www.econda.de/produkte/shop-monitor/vorteile-und-features/analysen-state-of-the-art.html, 05.01.2012.

❖ *Econda GmbH*, http://www.econda.de/produkte/shop-monitor/vorteile-und-features/startfertige-analyse.html, 05.01.2012.

❖ *Econda GmbH*, http://www.econda.de/fileadmin/templates/econda/Downloads/PDFs/econda_ShopMonitor_Preisliste.pdf, 05.01.2012.

❖ *EDV-Lehrgang*, http://www.edv-lehrgang.de/awstats/, 11.12.2011.

❖ *Erben, J.* (2011), http://www.netzpanorama.de/etracker-livetracking-webanalyse-tool/, 18.12.2011.

❖ *etracker GmbH*, http://www.ibusiness.de/wrapper.cgi/www.ibusiness.de/files/jb_4115693461_1237975406.pdf, 07.12.2011.

❖ *etracker GmbH*, http://www.etracker.com/de/kostenloser-support-per-telefon-und-email/faq-die-haeufigsten-fragen-zu-etracker/fragen-zu-bestellung-und-vertrag.html, 18.12.2011.

❖ *Five Rivers Interactive*, http://www.fiveriversinteractive.com/pdfs/GAvsOMNITURE.pdf, 03.01.2012.

❖ *Gaiser (2011)*, http://store.shopware.de/files/downloads/installation-1764510.pdf, 05.01.2012

❖ *Google*, http://www.google.com/intl/de/analytics/features.html, 09.12.2011.

❖ *Google*, http://www.google.com/intl/de/urchin/index.html, 09.12.2011.

❖ *Google,*
https://secure.urchin.com/helpwiki/de/Urchin_Supported_Platforms_and_Ha
rdware_Requirements.html, 09.12.2011.

❖ *Google,* http://www.google.com/urchin/pricing.html, 09.12.2011.

❖ *Haberich,* R. (2008),
www.webanalyticsblog.de/2008/02/07/schneller_detaillierter_einblick_in_krit
~3691942/, 29.12.2011.

❖ *Hessner,* S. (2011), http://www.net-
developers.de/blog/2011/11/24/analytics-jetzt-endlich-mit-live-anzeige-
weitere-neue-features/, 09.12.2011.

❖ *IdealObserver,* http://www.idealobserver.com/tools/web-
analyse/anbieter/indextools, 09.12.2011.

❖ *IdealObserver,* www.idealobserver.com/tools/web-
analyse/anbieter/sitecatalyst, 03.01.2012.

❖ *IdealObserver,* http://www.idealobserver.com/tools/web-
analyse/anbieter/en/index.php?s=econda, 05.01.2012.

❖ *Illmann, M.* (2009), http://creazwo.de/2009/webanalyse/welche-alternativen-
gibt-es-zu-google-analytics, 09.12.2011.

❖ *Krüttli, J., C.* (2009), http://tinyurl.com/Einfuerung-SWS, 11.12.2011.

❖ *Maisriml,* C., http://www.beesign.com/themen/besucher-zaehlen.html,
11.12.2011.

❖ *Minor, J.* (2008), http://www.googlewatchblog.de/2008/02/analytics-fur-den-
server-urchin-from-google/, 09.12.2011.

❖ *Müller, U., Schommer, C.* (2001), http://hmd.dpunkt.de/222/06.php, 07.12.2011.

❖ *Netrada Management GmbH*, http://www.netrada.com/#/services/kompetenz-im-e-commerce/partnerschaften/webtrekk.html, 03.01.2012.

❖ *Netzwelt* (2010), http://www.netzwelt.de/download/11899-awstats.html, 11.12.2011.

❖ *o.V.* (2011), http://software-portal.faz.net/software/193335, 09.12.2011.

❖ *Piwik* (2011), http://de.piwik.org/blog/2011/09/ankundigung-piwik-meetup-in-munchen-am-22-oktober-jetzt-kostenlos-anmelden/, 10.12.2011.

❖ *Piwik*, http://de.piwik.org/piwik-haufig-gestellte-fragen/neu-bei-piwik/, 10.12.2011.

❖ *Pletsch, P.* (2010), http://www.intereye.de/2010/01/google-analytics-vs-piwik-open-source-web-analytics/, 10.12.2011.

❖ *ratiokontakt GmbH* (2011), http://support.ratiokontakt.de/pdf/49.pdf, 11.12.2011.

❖ *Schwenke, T.* (2011), http://spreerecht.de/datenschutz/2011-03/piwik-als-alternative-zu-google-analytics-mit-datenschutzmuster, 10.12.2011.

❖ *Thunig, C.* (2010), http://www.nur-news.com/was-ist-bitte-web-analytics-web-controlling-oder-web-performance-monitoring, 08.12.2011.

❖ *ULD* (2011), https://www.datenschutzzentrum.de/tracking/piwik/20110315-webanalyse-piwik.pdf, 10.12.2011.

❖ *Usability-Toolkit*, http://usability-toolkit.de/tools/tutorial-web-analytics-usability/vorstellung-von-piwik/alle-funktionen-von-piwik/, 10.12.2011.

❖ *Vatter, A.* (2011), http://www.zbw-mediatalk.eu/2011/03/gratis-datenschutzkonform-besucher-tracking-per-piwik/, 09.12.2011.

❖ *Vollmert, M.* (2011), www.contentmanager.de/magazin/artikel_1546_web_analytics_produkte.html, 27.12.2011.

❖ *webalytics e.K.*, http://shop.webalytics.de/urchin/urchin-5/index.php, 09.12.2011.

❖ *webalytics e.K.*, http://www.webalytics.de/urchin-7/unterschiede-zwischen-urchin-und-google-analytics/, 09.12.2011.

❖ *Webtrekk GmbH*, http://www.webtrekk.com/produkte/produktuebersicht.html, 03.01.2012.

❖ *Webtrekk GmbH*, http://www.webtrekk.com/produkte/vergleich.html, 03.01.2012.

❖ *Webtrekk GmbH*, http://www.webtrekk.com/produkte/features/datenschutz.html, 03.01.2012.

❖ *Webtrekk GmbH*, http://www.webtrekk.com/produkte/q3.html, 03.01.2012.

❖ *Webtrekk GmbH*, http://www.webtrekk.com/produkte/webtrekk-q3-app.html, 03.01.2012.

❖ *Yahoo!*, http://web.analytics.yahoo.com/features, 10.12.2011.